The Way.....

A. Fernandes

ISBN 978-93-5610-860-8
© A. Fernandes 2022
Published in India 2022 by Pencil

Contributors:
Co-Author: A. Fernandes
Co-Author: A. Fernandes
Co-Author: A. Fernandes
Co-Author: A. Fernandes

A brand of
One Point Six Technologies Pvt. Ltd.
123, Building J2, Shram Seva Premises,
Wadala Truck Terminal, Wadala (E)
Mumbai 400037, Maharashtra, INDIA
E connect@thepencilapp.com
W www.thepencilapp.com

CONTENTS

"The Way......"

"WAR........"

After not so many years ago
the world is facing the same horror again......
The Evil is playing his terrifying show,
through the power of the Devil by one man!!

From Russia comes the evil, the destruction,
by the will of the insane and cruelty!........
They are trying to submit a land portion,
murdering a free people, killing the God`s humanity!

They are playing the Devi`s game,
every day, every hour by the demonic power.....
Showing no mercy, no respect using Evil*s name;
Because their madness will, belongs to this darkness hour!!

They are seeding the WAR into the world,
by the power of force,spreading death and fear!.....
One day all of them are going to perish by the holly sword:
in this life that we are living, the name of the BEAST shall
dissappear!!

I believe that the HOLLY JUSTICE it comes one day,
removing forever all evil powers on earth!

The Way.....

For me this is so clear as i writing and say,
by the words of JESUS that i ear since my birth!

No one (no identity) on earth is bigger than the LORD,
no one is more stronger and powerful than HIM!!......
All the evil powers wil shall punished by His sword,
cause His law and authority is above all sin!!

I just can`t stop this evil war:
the will that a demonic soul has chosen......
But i just absolutely know for sure,
that God`s will shall never be frozen!!

8 / 7 / 2022

" Learning!........"

When i was reading mine old poems,
automatically something comes into my mind......
That everything (infortunaly) remains the same,
the human never learns, they are always blind!

After so many years, i realized that nothing has changed.
Everything goes exactly in the wrong way......
They don`t care about what suppose to be mentioned,
they just don`t know to learn day by day.

We are living in the ending of times,
through the way that whole world goes......
No one cares about love, roses and rhymes,
only about selfishness (no respect) until their lives blows!

The Way.....

Is not because that everything goes wrong,
that i`m going to do the same thing......
I learned all my life how to be strong,
against to this evil (this dark times) how to sing!

I learned to sing deeply with my heart,
through all these words that i write
........And i know that everyday is a start,
when God shows me the way to "fight"

Everyday, every moment in this life we learn,
about to be better to us and to this world!.....
But for that happens we must have to earn,
the peace and love in our hearts as a holly goal!!

7 / 7 / 2022

"Crying again"

My heart is crying and bleeding,
full of sadness, full of pain again....
For this suffering there is no healing,
by the power of humans, by the power of men!

I am seeing my own brother falling,
once again in the kingdom of darkness....
And once again the devil is taking and stealing,
the light of my brother, giving me endless pain!

And i just can`t do anything for him,
when he`s going to another way!.....
Sometimes the line of life and death is so thin,

that the only thing that i can do is to pray.

I know exactly where my brother goes,
Because i was been there long ago.....
Felling the breath of death that blows,
as wisper from the devil taking his soul!

It`s very hard and very painful for me,
to accept (again) this heavy and eternal nightmare.....
To know that my brother doesn`t see,
his own self-destruction by running to nowhere!

He is falling again in his (old) addiction,
giving up from everything and everyone.....
Doing the same steps through a deadly direction,
deeply falling in a living hell as i have done!

I know that there`s a big difference,
between me and him in our simple minds.....
I came from another life, another existence,
growing up alone through all the times.

I don`t go more further in this story,
because i don`t know exactly everything....
Only God knows the all truth in His glory,
only God knows about our lives meaning!!

25 / 6 / 2022

" Justice"
I still remember all those old years,
when i used alcohol and drugs everyday....

The Way.....

For to kill all my pain, to remove my tears,
deeply inside of my heart ,sad and grey.

No one understands what i felted deeply inside,
all the pain, agony and misery in my life....
Destroying me every moment, killing my pride,
when the bad luck was playing like a dice!

I just saw only darkness around me all the way,
through all those years of my eternal loneliness....
Begging for help, but no one ear what i say,
struggling against my fears when my life was a real mess!

For so many years of my sadly life,
i was fighting against all my deepest fears....
The devil himself was hugging me so tight,
since i was born! Since my early years!!

No one could take this heavy sorrow,
no one could heal my deepest ounds....
I was a little angel with the typical arrow,
deeply craved on my soul as an bloody harpoon!

For 1 milion times i felted completely lost,
very far from everyone and everything.....
Inside of an invisible and horrible prison,
as an ugly thing: a devil spirit of a bad ghost.

I saw the world moving on and on,
around me; killing me day by day!........
Since then nothing has changed as i see,
only myself, i`m following another way!

The Way.....

I`m carrying this baggage like a mark,
that changed all my life; everything!......
I`m still hungry for justice, and i just start
to describe my " story" from the beginning!!

I know (infortunaly) that i`m not the only one,
who has suffered by the evil hands of (some) people.....
For everything that i lost and forever is gone,
in all those years stucked in a satanic circle!!

24 / 5 / 2022

" Following the light"

I`m trying to follow my own way,
the way that He chooses for me.....
I`m going in a different direction of this world today,
different from all i know, from all i see!

I hear His voice calling through His word,
guiding my own steps in this life everyday....
He is keeping me away from this world,
giving me love, strength and light on the way!

I`m following the light in this darkness,
with all my strength, with all my heart!.....
Leaving behind all my tears and sadness,
living a new beginning, making a new restart!

For many longest years of my existence,
i was figthing against all and everything.....
The devil tried to brake my will, my resistance,

The Way.....

giving me endless pain, fear, misery and suffering!!

Almost all my life the devil was attacking me,
manipulating my deep emotions and all my fellings!......
And i was so blind that i even didn`t see,
giving me guilty and shame, killing my dreams!

For so many years i was running away,
very far from everything and everyone.....
Trying to forget my past life everyday,
for all the bad things that i said and i have done!

I just have been tried to find myself,
in this jungle where i was surviving....
And tried to follow somebody else,
following some " stars" wich they was shining!

I don`t bellieve in the lies of the devil anymore,
i don`t let him to taking the control again......
God is showing me the way, closing the door,
from all evil things in the mind of the men!!

I`m a new person; a young kid that has reborn.....
My heart is full again under the grace of Him!
Everyday, every moment is a real blessing.....
That God gives me as my only Father.
Nothing is so great, so endless amazing!.....
And His endless love is like no other!!

23 / 6 / 2022

" Awake"

The Way.....

For many times i opened the doors of my heart,
showing to the others all the imperfections of me.....
Mostly when my life was fully falling apart,
i was trusting in the devil and i didn`t see!

For many (too many) times i surrendered,
to all the pain, to all the sadness that i was feeling.....
Hoping to find some relief when i was embarrassed,
about the hard life that i was just living!

Instead of love and true compassion,
i received stones and stabs in my back!.....
The one`s that i deeply trusted like a confession,
they was laughing, making fun of me, in my ears, in my
neck!!

For many times i made this mistake,
paying a higher price to the devil himself......
Cause i just didn*t know the smile of the fake,
when i was just needed to someone else!

Until the day that i opened my eyes,
looking back in the memories of my past life.....
Today i just have survived to all those lies,
and i realized that what these people did was not nice!

Because of what happened; what they did to me,
i decided to follow my heart, my own way......
I just left everything behind, trying to see,
another world, a new life very far away!

And i will never going to forget,

even that i live one thousend years!.....
All the faces, all the places that i deeply regret,
trying to hiding; to clean all my tears!!

23 / 6 / 2022

" Fellings...."

I just opened my eyes early today,
after a few hours of rest and some sleep.....
And i started another day with pray,
reading His word in silence, clearly and deep!

And i made my reflections over the day before,
about what happened (with me) all day long.....
I felted that i miss something through (this door),
about what i`ve done and said with my tongue!

Right the way comes some thoughts in my mind,
about what i said, about what i just had done......
And once again what i saw wasn`t really fine,
in the bad words that i spoke as an evil stone!

In the same time i realized something strange,
something that isn`t going as it should be!?.......
Like a deep fog hiding the truth behind the fence,
giving no chance to everyone to know and see.

Is not the first time that i get this " felling",
seeing that (something or someone) is playing a nasty
game!.....
Manipulating the system about what i`ve been doing,

when i knock in a different doors and the results are the same!

The kind of felling that someone tries to keep my mouth shut;
to remove my words and to kill my silent screen!......
Cause i saw (almost) no reactions with no doubt,
that something (really bigger) is trying to ignoring me!

26 / 6 / 2022

" New beginning"

It started a new cycle in my life,
i`m going into another direction....
I`m cutting with all bad things like a knife,
listening His command, following His instruction.

I just already started this journey,
and i hear His voice calling very clear!....
He knows that no mather what happens i will obey,
without evil doubts, without any fear.

I know that isn`t gonna be always easy,
He never promised to me such things.....
But His word makes me so deeply "dizy",
taking total control over all my fellings!

He is showing me the way that i must follow,
every single day that i live; all the time...
I no longer live in a deep sorrow,
felling guilty like someone who commited a crime!

The Way.....

He took all my bad things from my past away,
He gave me a new life, a new beautiful reallity!...
And i`m so happy every single day,
and thankful for His endless love; for His purity!

Because of everything that He is doing,
in my simple life, deep inside of me....
I feel peace in the way where i`m going,
i`m felling new again, totally clean and free!!

25 / 6 / 2022

" Messenger"

Finally the sun is shining in my heart again,
after so long time walking in the shadows.....
Right now i`m felling a new person; a new man,
enjoying the spirit of life that inside of me flows.

I just don`t run away anymore,
i don`t hide myself in the back of my soul....
And i don`t need anything more,
when my life goes like a music of rock and roll!

I never losted my old special way;
beeing always just an eternal rebeld!.....
Trying to make everything new every day,
using my own life as shining bell!

I allways wanted to leave my message,
to leave something special to this world.....
As a personal testimony of my passage,

The Way.....

through all my life in a simple word; LOVE!

An inconditional love without any rules,
without color, status, religion or any "special" faith!.....
For all human kind; those without tools,
for to conquer the batlle against the hate!

In the eyes of God we are all the same,
just litlle children of the same creation.......
No one as a holly and bigger name,
then the only creator of all nations!

Even myself i don`t know where i come,
and i still don`t know where i`m going......
I know that i`m following "something" real awesome,
in the ways that i fell; in the ways that i`m doing!

He is giving me the spirit of freedom,
the strenght to keep going in......
Through this life until His kingdom,
where is no place for hate, where is no place for sin!

24 / 6 / 2022

" Spreading the word"........

I´m flowing so fast as an wild river,
like a wild horse in the fields running free!.....
I`m trying to change this copper in silver,
as i always wanted, like it should be!

I want to go even far from my world,
far from my own home and from myself......
Using my life throughout His word,
giving my joy and hope to somebody else!

I just can`t stop to follow this way,
until where He wants me that i should go.....
He is telling me everything what i say,
everything that i have; everything that i know!

He is giving me the words that i`m writing,
in His book from the meaning of life.....
Giving me the will for to keep "fighting",
every minute,every hour; every day and every night!

I´m not intending to be bigger than someone else,
even to knowing that all it looks like that.......
Just trying to open my heart and soul beeing myself,
in these times that i`m living and i will never forget!!

26 / 6 / 2022

" Fellings.... (1)"

Sometimes i just want to close my eyes,
stop to think and listen to the pain in my head!......
You know; when your heart and soul are dies,
felling a deep depression, felling so bad!!

I try to survive in this crazy world,
fighting against the system everyday!.....
But, sometimes life is so "fucking" cold,

that`s the price that we have to pay!!

I really don`t need to kill myself,
for to know when my life it`s over!....
But it`s almost the same if nobody else,
wants to give you a hand or a shoulder!

So, i close the door inside of me,
felling this sadness like a sick man......
Wishing to find someone to bellieve,
wishing to know what the hell who i am!?!

If i could change this life too,
following in another way, choosing another road!....
I will find another face, another heart,
and to change forever my own world!

If i could, if i would!....
I will let this broken heart to fly away!....
.... I will find it in another face, another soul,
and follow this lonely dream someday!!!

19 / 4 / 2002

(Portuguese poetry....)

" Alguém tem de me ouvir!"

Eu sei que a vida esta má
e a inflação tornou a subir.....
O meu salário mal me dá,
mas alguém tem de me ouvir!

Impostos, taxas, contas da luz,
contas da loja; dívidas a subir!!
Todos os dias é 1 (ai Jesus),
mas alguém tem de me ouvir!

Já pensei em assaltar um banco,
e para o Brasil talvez fugir.....
Mas a minha alma não tem descanso,
enquanto alguém não me ouvir!!

Trabalho todo o dia como 1 cão,
para no início do mês ver o salário sumir.
E não tem fim esta situaçao,
até ao dia em que alguém me ouvir!

O remédio era ser milionário,
e ver o dinheiro no banco a subir!....
Mas o dia em que isso sucede não vem no calendário,
por isso alguém vai ter de me ouvir!

O melhor seria ser ministro " caloteiro"
mesmo com a economia do país a ruir.....
E tendo uma grossa maquia no estrangeiro,
e toda a gente para me ouvir!!

30 / 1 / 1990

" Infeliz......"

Está frio lá fora,
e cá dentro pouco melhor.....

Juntos, talvez a gente aqueça os nossos corpos
nesta fria barraca, que de chapa velha e feita.
Esqueçamos a fome que nos devora e vamos a deita.....
Talvez amanha seja 1 dia melhor!?!
Talvez, que aquele que muito tem
se lembre de repartir um pouco com alguem
e me faça acreditar que eu tambem sou gente;
que trabalha e luta nesta vida tão severa e tão curta!!
Oh, Senhor!....
Dai-me forças para sorrir
quando me Vires a mendigar.....
Alimenta a minha fome, e dá-me luz na noite escura!
Na estrada da vida ampara os meus passos,
e abençoai Senhor, aquele que ao amor tanto procura.....
Neste mundo que faz parte de mim, lembra-Te dos que
sofrem
e sonham também assim!!......

26 / 7 / 1994

" Filho (des)encontrado!...."

.... E eu voltei!!
Corri mundo à procura,
mas as respostas não estavam lá!
Tentei ser o dono do mundo
e fazer magia da loucura,
caí num abismo profundo,
andei largos meses a deriva:
mergulhei numa praga má!!

E eu que fugia noites sem fim,

como quem foge duma maldição!....
A má sorte está dentro de mim,
vivo preso a ela como 1 triste canção.
E eu corro desesperadamente,
fujo desta terrivel visão!!

Eu tento resistir, mas os teus lábios matam;
e eu afogo a minha tristeza em tii.....
Serás tu, a tábua da minha salvação!?
Sinto o teu corpo frio, que horrivel sensação....
Eu vejo sangue nos teus olhos,e
no espelho o reflexo da minha frustração.
O meu leito esta infecto p`la morte,
que arrepio terrível sinto no coração!!

De novo eu volto a fugir.....
Sem rumo ou caminho certo.
E a minha vida de novo volta a ruir,
afinal tudo isto foi em vão!?
Foi tudo tempo perdido,
e o tempo é como o pão:
quando a fome nos devora
é este o sagrado momento!....
Que alivio. Que consolação!!

Agora sei que estava errado!
..... Mas alguém misturou as perguntas.
Andei às voltas desencontrado;
Fui herói e fui bandido: fui honesto
e fui drogado! Fui aquele que achou
e deixou fugir. Na louca ânsia de viver,
na ânsia de querer "curtir"!!

Fui cobarde porque temia,
fui orgulhoso por não pedir,
a mão que para mim se estendia.....
Para me agarrar,para me salvar!
...... Mas tinha que ser eu! Sozinho,
sem ninguém para me apoiar.....

Agora, estou de volta finalmente,
depois de tanto tropeçar......
Alegrai-me pois, Senhor,
eu estou de volta ao lar!!

29 / 6 / 1994

" Coração triste"

Estou sozinho aqui....
Só, neste lugar!
Recordo os dias que vivi
e que jamais irão voltar.

Porque errei, porquê?! Não sei....
Quase tive o mundo nas mãos ,
quando um dia te amei!
Mas foi por culpa minha,
porque um dia não te acreditei.
E quando te deixei lá longe,
naquele lugar que faz parte de mim.
E o chão da minha alma
que num belo dia eu pisei,
procurando-te por todo o lado
mas nao te encontrei.....

E por tudo isto eu sei
que um dia eu errei!

O passado não volta mais
e a verdade já está morta!
Na minha alma fica a dôr
deste coração que um dia foi teu
e de ti jamais se esqueceu.

Porquê? Porque tive eu de errar?!.....
...... Afinal, tudo o que eu queria era,
era ser amado e amar!!

Beijar de novo os teus lábios
e ao mundo inteiro gritar:
que já não estou só,
que contigo posso sonhar!!

E tudo isto eu já tentei!....
E em vão eu te procurei.
Nos caminhos que percorri,
nas mulheres que conheci......
Nesta vida tão solitária
por onde eu ja passei
sem saber nada mais de ti,
eu jamais te encontrei.....

E de novo eu queria tentar
sem medo de voltar a errar....
Mostrar a toda a gente
que no fundo sou mais um pobre
jovem carente, que afinal

ainda sei como é amar!

18 / 7 / 1994

" Mundo irreal!"

O meu coração chora e grita por ti
em lágrimas de amor que contigo vivi....
Estou só. Nada mais me resta agora,
apenas estas linhas que eu escrevi.
Estou aqui!.... Mas em breve me vou embora,
à procura de algo que algures esqueci.....

Vejo prédios a crescer e paredes a ruir!
Travam-se batalhas, fazem-se guerras,
e erguem-se muralhas nas serras....
O fim do mundo está para vir!!
E ainda agora aqui cheguei
e já me sinto extremamente cansado.
Trabalhei, procurei e lutei; E sei,
que por vós patrões fui explorado!!

----Oh Senhor!!....
Que mundo estranho e desigual é este?!
Os ricos: os poderosos é que governam,
mas não sabem partilhar?!?.....
Os Teus filhos choram com fome,
será que por isso vão ter de roubar?!?
Vejo palácios todos os dias a crescer
e os carroes a desfilar..... É sempre igual!
La fora estão milhões a morrer

p`la fome, p`la droga, p`la guerra.....
E tudo continua estupidamente igual!!!

Oh, Senhor, Senhor!....
Em que mundo irreal nós vivemos!?
Os pequenos depressa se fazem grandes,
à custa de quem sabemos. E dizemos
que tudo vai bem, se enganarmos alguém?....
.... E a droga vai passando nas ruas!!
E são eles os " SENHORES",
aos quais eu devo favores!....
------ Senhor!....
Olhai p`los Teus filhos! Pelo trabalho,
p`lo pão que tarda em chegar.
E eu vejo a miséria nas "barracas" de quem sofre
sem ter um tecto digno para morar....
Os velhos, os doentes e os pobres,
os que sofrem: porque têem eles de pagar?!?

27 / 6 / 1994

"Sonhar!"

Um dia eu tive um sonho,
um sonho belo,maravilhoso!
Sonhei que era dono do mundo,
que seria rico e famoso!

Sonhei que tinha asas,
voava por cima de serras e casas.
Sempre, p`los céus a pairar!
Atravessava sem fim o horizonte

à procura de uma grande ponte
onde eu pudesse livremente pousar.

Sonhei que era um rei,
num país bem distante,
e que a lua era minha amante!
E tinha um povo para governar,
onde não havia fome nem guerras
e todos eram como iguais....

Sonhei que eu era diferente
e que amava toda a gente.
E vivia muito feliz e contente,
como as histórias de gente inocente
que têem sempre um final feliz.

Sonhar é tudo isto,
é ter o mundo nas mãos!!
É vivermos como homens livres,
e sermos como verdadeiros irmãos!

2 / 7 / 1994

" O mundo e eu"

O mundo está a mudar!
Dia-a-dia, hora a hora,
sempre, sem parar.....

Vivo numa época de grande tensão
e transformismo universal.....
Numa busca desesperada, quase selvatica;

dum maior sucesso colectivo
e também individual!

Descubro a cada dia que passa
novas modas; de ser, sentir, e estar.
E eu vivo quase a naufragar,
sem saber que faça neste mundo neste mundo infernal!....

De um lado: um conceito (quase moda),
em anuncios de propaganda sensacional
dos grandes jornais e da TV .....
E dos quais sem saber o porquê,
a maioria do povo prefere acreditar
num país que está a mudar.

Do outro lado: um povo cansado,
submisso e explorado, que se
sente ultrapassado e navega à deriva,
num mar de carências e ignorância!....
Como uma peganhenta substância
que jamais desgruda de nós....
Nesta triste vida de tios, tias,
netos, pais e avós!!.......

Assim vivo eu, nesta vida de incertezas
onde se apregoam grandezas, e se
ignoram certezas, nesta realidade fria
e quase irreal!!

E o mundo passa-me tão perto!.....
Quase que o consigo apanhar!
Mas, o meu trabalho não é certo,

e o meu futuro uma grande interrogação
sobre mim a pairar!
Como posso eu acreditar?.....
Como posso eu lutar!?

Quem dera acreditar num mundo melhor,
nesse: que andam p`ra aí a comentar!....
Mas, como posso eu acreditar,
quando ouço o mundo gritar, e
a meu lado o povo vai chorando!!
Ate quando?!?
Ate quando?!?....

Como posso eu, viver assim dividido.....
Neste mundo louco em que estou só
e sinto-me por vezes perdido!?
E a vida vai passando, e eu pouco
ou nada posso fazer......
Sem eu descobrir realmente
quem eu sou, e o que quero ser!

27 / 4 / 1997

" Depressão" (parte 1)

E eu estou deitado na cama
sem vontade de me levantar.
E já passou mais outra semana
e eu sem estar a trabalhar.....

O meu quarto é bem pequeno,
mas grande é a minha frustração!

Nao sei se é raiva ou veneno,
o que sinto é uma total depressão!!

Não consigo arranjar emprego,
todos os dias é a mesma (merda)!
Vivo o dia-a-dia com medo
numa insegurança que me enerva!!

Por vezes sinto-me tão desprotegido
e fraco, perante este mundo cão!......
Cada dia que passa estou mais (fod.....)
e quase que perco a razão!!!

Afinal,que país é este ,meu.....
......Que deixa a juventude morrer!?!
Será que o governo se esqueceu
que os jovens adoram viver??.........

E eu queria ir mais além......
Sem ter vergonha de existir.
Não queria ser mais (outro) alguém,
algures, numa esquina a pedir!!

25 / 4 / 1996

" Depressão" (parte 2)

Passo os dias deprimido
sem apetite para nada!
Sinto-me tão só e desiludido
com esta vida malvada....

É tão forte a minha depressão
que só vejo uma saida:
talvez o suicídio seja a solução
para esquecer a puta desta vida!

Talvez que, eu seja um cobarde
mas não aguento muito mais!....
P`ra tudo o que eu queria já é tarde,
acho que sempre sonhei demais!

Que Deus me perdoe pensar assim,
que me Dê paz à minha alma também....
Se ainda não o fiz, não foi por mim
mas sim pela minha (velha) mãe!

"Problemas toda a gente tem......"
--É o que se costuma dizer!
Mas como posso ir mais além,
se não tenho gosto de viver!?!

16 / 8 / 1996

" Lamentos ao Senhor....."

Mais um dia que se passou
na minha vida sempre igual!.....
Já não sei se fico; se vou,
começo a sentir-me mal!

A depressão que aumenta,
e o azar que continua.....

O meu espírito já pouco aguenta,
esta vida tão ingrata e tão crua!

Dia-a-dia eu vou vivendo,
sem realmente saber viver;
Esta vida que não entendo,
e que só me faz perder!....

Como posso eu viver assim,
constantemente dividido?!.....
Quando tudo eu quero ,
e nada disso faz sentido!?!

Algo dentro de mim me diz
que eu tenho de conseguir....
Mas, às vezes é por um triz,
que eu não abalo a fugir!

Como posso eu beber água,
quando só me apetece cerveja?....
Vivo uma vida cheia de mágoa,
e desejo uma vida de inveja!?

Porque chove assim dentro de mim,
se eu desejo o sol eterno??....
Tal como a minha vida que é assim,
os meus dias são um longo Inverno!

A solidão vai-me matando,
e vivo como um desesperado.....
sei que sofro assim: sonhando,
com medo de viver acordado!

DAI-ME a fé e a confiança!
ALIVIAI de mim este suplício!!.....
AFASTAI de mim a trovoada,
DAI-ME a bonança, para que a minha nova vida tenha início!!

Mas Perdoai-me Senhor,
por querer tanto assim!....
Não quero ser Juiz nem Doutor,
mas queria a lua só para mim!

Eu queria ser um Rei,
e sou apenas um simples peão!.....
Queria ser um herói, e sei,
que sou sómente um mero ladrão!

24 / 7 / 1994

" Marginal......"

Vou caminhando p'las ruas desertas,
e no meu andar cambaleante
vejo algumas janelas abertas.....
O meu rumo é deveras incerto,
sem ter pressa de chegar,
pois tudo aquilo que eu quero,
é apenas e sómente caminhar.....

Sinto-me tão mal, tão pessimamente,
depois de tanto fumar e tanto beber!....
Fugindo desta minha triste realidade,
e que eu sómente preferia esquecer!

A minha vida está um verdadeiro caos,
e p`ra ele me estou a arrastar!....
Entrei num desmazelo profundo total,
ja não sei como o hei-de evitar....

Ja não sei à quanto tempo,
dura esta minha triste situação?!....
Vivo preso à bebida e à droga,
e tudo o mais é pura ficção!

O meu aspecto vai-se reflectindo,
na vida de (merda) que vou levando!.....
Estou todo sujo e roto, mas
p`ra todos os (outros) estou-me "cagando"!

Ja há muito tempo atrás,
que perdi toda a minha ambição....
Troquei uma vida " mais" decente,
por esta vida miserável e de cão!

Sou apenas mais um marginal,
alheio a este mundo exterior.....
Apenas o que me interessa,
é apenas ficar "bem melhor"!

Odeio tanto este mundo nogento,
que me tira a razão do ser!....
E lentamente estou a afundar-me,
dia-a-dia sinto que estou a morrer!!

E o tempo vai passando,
e eu sou um mero farrapo humano....

Mas afinal, quem é que se importa,
neste mundo tão estúpido e insano?!

Droga!! Porcaria tão maldita!!...
...... O quanto tu me fazes perder!!
Dia-a-dia roubas-me esta vida,
tiras-me toda a vontade de eu viver!!

30 / 10 / 1995

" Desilusão, ou vazio?!....."

O que eu sinto, eu não sei...
Mas em boa verdade (que não minto),
que estranho é aquilo que eu sinto,
e é tudo aquilo que eu sei!

E é uma frustraçao nesta longa agonia,
que não encontro o que eu desejo......
Apenas esta maldita solidão que eu vejo,
e que me tortura noite e dia!

Ó vida tão incerta! Ó vida tão vazia!!.....
Que triste sina eu havia de ter,
pois quase que estou deveras a enlouquecer,
nesta realidade tão assustadora e tão fria!!

Onde é que estás tu meu amor verdadeiro,
onde é que estás tu que eu não te vejo?.......
Amor mágico meu, meu eterno e louco desejo,
como tu, só mesmo o meu primeiro!!

E é este amor ardente de desejo,
que me tortura, esperando p`lo momento derradeiro,
no calor eterno do teu doce beijo!

5 / 11 / 1995

" Amor, onde estás?....."

A chuva que cai lá fora
lembra-me os dias bem tristes......
O meu coração ainda chora,
sem saber se tu existes.

Meus dias passam sempre iguais:
são vazios, despidos de cores.....
Vejo dias que não voltam mais,
relembrando alguns antigos amores.

E lá longe tu estás.....
Mas não tão longe assim!
Sei que um dia tu virás,
p`ra ficar junto de mim.

Eu estou sozinho aqui,
sinto-me só, neste lugar!....
À muito que espero por ti,
aqui, bem perto do mar!!

Sem ti nao há nenhuma razão,
para tanto viver, apenas chorar!....
És um sonho, uma eterna ilusão,
és a razão do meu sonhar!

À muito que te procuro,
por tantos sítios e lugares!....
Andando à toa no escuro,
sem ainda me encontrares!

E eu estou sozinho aqui,
sentindo-me só, neste lugar!....
À muito que espero por ti,
aqui, bem perto do mar!!
Eternamente eu me questiono,
será que um dia TU vais voltar?!.....

12 / 11 / 1995

" Escravo do vício!....."

Quem sou eu para falar,
de quanto este mundo é nogento?!....
Toda a gente prefere ignorar,
e tudo cai no esquecimento.

Que sabor tem a minha vida,
e a de muitos jovens como eu?!.....
Que buscam inutilmente uma saída,
nesta sociedade que se corrompeu?

Sou mais um triste toxicodependente,
que foge à dura realidade!.....
Eu queria apenas ser diferente,
mas sou a escória desta sociedade!

Apenas a droga me faz esquecer,

esta vida de MERDA que levo!.....
Até ao dia em que eu morrer,
eu serei apenas mais um servo!

Sou apenas um escravo da droga!!
Sou apenas um escravo do vicio!!....
Escravo deste sistema que me afoga,
que me atira p`ro precepicio!

Eu não sou nada, não sou ninguém.......
Sou apenas uma incógnita permanente!
Desesperadamente eu (ainda) procuro alguém,
Neste mundo sujo e tao deprimente!

Seria melhor eu (talvez) enlouquecer?.....
Ou esquecer tudo de uma só vez!?.....
Mas enquanto a "velhinha" viver,
eu resisto a essa fatal (estupidez)!?!

Queria largar a vida da droga,
sair deste meu maldito inferno!!....
Pois tento resistir a esta dura prova,
mas a cada dia sinto-me mais enfermo!

E sozinho é dificil de conseguir,
mas não tenho outra alternativa ou solução.....
Nao quero passar a vida a fugir,
e ser escravo desta pôdre maldição!!

Sou apenas mais um escravo da droga!!
Sou apenas mais um escravo do vício!!!
Escravo deste sistema que me afoga,

que me atira p`ro precipício!!
Eu sou um escravo da droga!!!
Eu sou um escravo do vício!!!

11 / 5 / 1996

" Consumismo....."

Vivemos nós atrás de ilusões,
vivemos apenas p`ra consumir!.....
Num mundo de "xulos" e ladrões,
não temos para onde fugir!

Toda a gente quer é comprar,
e é tudo para se vender....
O negócio é p`ra explorar,
até que (alguém) possa enriquecer!

Consumo banal e desemfreado,
em busca de um status idiota......
Conduzes um "carrão" doirado,
e tens o teu nome numa porta!

E se tens a tua carteira cheia,
tu és o Rei desta cidade!.....
a ti, ninguém te chateia,
pois tu és uma "alta autoridade"!!

És mais um porco capitalista,
que vives do teu sujo dinheiro!
Neste mundo vil e materialista,
tu és o seu maior tesoureiro!!

És o eterno vendedor de ilusões,
de sonhos mais que perfeitos!....
És decerto o Rei...... Dos ladrões,
à custa de destinos desfeitos!!

És (apenas) mais um "xulo" moderno,
agarrado ao "telélé" e de pasta na mão!.....
És mais uma praga deste Inferno,
a que todos chamamos de " civilizaçao"!!

23 / 4 / 1996

" Cançao triste!....."

Eu já fui um sonho maldito,
eu já fui a mais pura desilusão!.....
Eu já fui a voz e o grito,
roubados na boca desta multidão!

Eu já fui a luz no escuro,
e já fui a eterna solidão.....
Já fui as grades e o muro,
eu já fui a tua pior prisão!

Eu já fui um belo dia de sol!
A música dentro do teu coração!.....
Mas hoje, eu encontro-me só,
ao cantar esta triste canção!!

Eu já fui herói e bandido,
já fui policia ou ladrão.....
Eu já fui cego e louco varrido,

nas chamas da mais louca paixão!

Eu já fui um menino também:
ao correr e ao brincar!....
Já fui filho de alguém,
que um dia não me soube amar!

Eu já fui o eterno solitário,
à procura do meu lugar.....
E hoje sou apenas proprietário,
da arte de rir, e de chorar!!

Porque eu já fui um belo dia de sol!!
A música dentro do teu coração!....
Mas hoje, eu encontro-me só,
ao cantar esta triste canção!!

13 / 11 / 1996

" Eterna Despedida"

Eu sei que está a chegar a tua hora,
o momento em que me vais deixar......
Aproxima-se a morte sem muita demora
e nada posso fazer p`ra o evitar!

Nada, nem tampouco alguém deste mundo
podem modificar o que estou a sentir......
.........Esta dôr, este sentimento profundo
de ver a tua vida p`ra sempre sumir!!

E pela (segunda) vez eu volto a perder

a quem eu tanto devo nesta curta vida.....
Pois quem nasce, um dia tem de morrer
e esta é, a única certeza garantida.

Queria ser mais forte para não chorar,
cada vez que te vejo naquela cama.....
Mas, por mais que eu queira evitar,
é a voz do coração que cá dentro me chama.

E quando estou sozinho fico a pensar;
na nossa vida: em tudo o que não te dei!.....
Uma vida de qual te pudesses orgulhar
e que só agora eu encontrei!.....

Só agora!!....Nunca mais me vou perdoar
por todo este tempo que eu perdi.....
.....Por eu não ter sido forte p`ra enfrentar,
os problemas desta vida que contigo vivi!

Quantas vezes que eu sempre tentei
dar-te uma vida feliz e bem melhor?!.......
Mas tudo aquilo que encontrei
foi apenas raiva, frustração, solidão e dôr!!

RAIVA......Por não ser aquele que tu querias......
FRUSTRAÇÃO.....Pelos sonhos que não soube realizar!
SOLIDÃO....Pela angústia do vazio que desconhecias.
DÔR.......Pela tristeza de lentamente te ver acabar!!

E agora que eu finalmente consegui,
encontrar tudo aquilo que sempre procurei....
.....Sei que tu vais deixar-me sozinho aqui,

nesta hora maldita que eu sempre odiei!!

Tivesses tu, minha velhinha querida,
tantos anos mais como as vezes que eu sempre pensei.....
......Nos derradeiros momentos da tua vfida,
nesta hora que eu sempre mais receei!

Pedia a Deus para te aguentares,
para viveres um pouco mais ao meu lado.
Na verdade, tinha medo de tu me deixares
e de, nessa hora não estar preparado!

Mas, por mais que tu vivesses " CARA LINDA",
agora eu sei que nunca ia estar preparado!
Só quem realmente ama é que imagina
a angústia de um dia ficar só e abandonado!!.....

---P:S: Estes verso foram escritos por mim
na noite do dia 23 / 4 / 1999.....
(na ultima noite de vida da minha velhinha!)

" Jamais!......"

Jamais eu comprarei umas LEVI`S,
Jamais terei uma camisa a estrear!.....
Jamais eu terei uma hi-fi da Sony
enquanto nesta vida de drogas me afundar.....

Jamais eu poderei sequer imaginar
em comprar um carro novo ou usado....
Jamais eu terei algo de útil e bom,

enquanto eu for estupidamente um drogado!!

Jamais eu poderei sonhar em fazer,
construir ou planear uma vida que valha.....
Jamais algum dia isto eu conseguirei,
enquanto viver só, no fio da navalha!

Jamais eu serei alguém ou uma pessoa,
um cidadão comum de pleno direito.....
Enquanto eu viver preso à droga,
eu serei apenas uma peça com defeito!

Jamais eu poderei sorrir de contente:
sentir-me como alguém capaz e responsável!....
Jamais eu serei como tu ou como alguém,
senão mais um infeliz toxico e miserável!

Jamais eu terei paz e alegria de viver,
jamais eu sentirei amor no meu coraçao.....
Jamais eu serei um ser humano livre,
enquanto viver preso a esta maldição!!

Jamais eu serei capaz de viver,
fazer parte da sociedade e do mundo....
Jamais eu vou conseguir de novo lutar,
enquanto me sentir sujo como um "bicho imundo"!!

Jamais eu vou conseguir de novo cantar,
sonhar com uma família, com uma vida melhor.....
Jamais eu serei puro perante Deus
enquanto viver escravo do vício,
filho da vergonha, culpado deste horror!!!

16 / 5 / 2000

"Procurando......."

Olhando-me assim de relance,
consigo ver-me como um ser perfeito!
Mas, por detrás de toda esta "nuance"
existe realmente, alguém que eu não aceito.

Vivo na eterna constãncia da incerteza
dividindo-me dois espíritos diferentes:
o primeiro reveste-se do bem e pureza,
o segundo; do mal e atitudes dementes!

Vacilo entre o ser e o parecer,
na negativa de quem realmente sou....
Refugio-me na duvida do "pode ser"
sem realmente me dar a conhecer:
um ser humano só, que um dia não acreditou.

Já lá vai muito tempo desde então,
e eu jamais de mim me encontrei....
Ao longo da minha vida de solidão,
de lágrimas amargas que um dia chorei.

Procurei a verdade no lugar errado
e apenas o que encontrei foi a adicção....
Tentei inutilmente apagar o meu passado
naufragando no mar da raiva e da frustração!

E no desespero da dôr e do vazio,
no auge da angústia, do meu sofrimento......

Procurei o menino que um dia à vida sorriu
e encontrei alguma paz em tratamento.

6 / 10 / 2000

"Sentimentos....."

Por vezes recordo o meu passado
revivendo os bons momentos que vivi....
E por vezes isso deixa-me angustiado
ao pensar em tudo de bom que perdi.

Quem me dera poder lá voltar
e sentir-me feliz outra vez......
Tornar a sorrir e a sonhar
e não ter medo dos porquês.

Eu queria encontrar o meu caminho,
descobrir de novo a felicidade....
E ouvindo a tua voz baixinho
eu sinto tristeza e ansiedade.

Mas agora tudo isso acabou.
e eu já não sei como é sonhar.
Quase me esqueci quem eu sou
ao viver só para te recordar.

E como é que eu vou viver,
sem te ter aqui ao meu lado?....
E eu já estou farto de sofrer
por culpa do meu eterno passado!

12 / 11 / 2000

"Desistir......"

Se soubesses tu do meu viver,
decerto que não ficarias indiferente.....
Por vezes o meu único desejo é morrer,
deixar esta vida assim de repente!

Não imaginas tu a agonia, e o sofrimento,
de quem vive escravo do vício!!....
.....Pois todo o dia é um terrível tormento,
todo o tempo é um desesperado suplício!

Esqueci-me como é que era viver
livre da droga, do mal que me domina!....
Deixei de acreditar, deixei de querer,
enterrei-me na solidão e na heroina.

Rapidamente o meu mundo se acabou,
tudo à minha volta começou a ruir.....
Tudo de bom em mim se foi: se apagou,
deixei de amar, de querer, de existir!

Refugiei-me nas trevas, na escuridão;
Escondi-me dos deveres deste mundo....
Procurei o vício, encontrei a destruição,
tornei-me uma coisa suja, um bicho imundo!!

Afundei-me na degradação física e moral:
vendi o meu espírito, neguei a minha alma....
Naufraguei no lodo, no pantanal,

desejando a morte, sem mais dôr, sem mais trauma!!

20 / 5 / 2000

"Sonhos!!"

Queria ter asas para voar,
mergulhar no infinito dos céus....
à conquista da terra e do mar
por esse mundo fora sem hesitar,
sem medo de dizer adeus!

Queria ver todos os belos monumentos,
conhecer o mundo em eternos momentos!
Todas as montanhas, rios e vales
espalhados por esse Ocidente fora.....
Morar em todos os sítios e lugares
e consolar esta fome que me devora!!

Tudo o mais não é tão importante,
não tem o fascínio nem o carisma,
desta minha avassaladora paixão!.....
Nada tem mais força e mais significado
e alimenta esta minha cisma
de ser um feliz vagabundo a,
voar nas asas do sonho e da paixão.

E quando algum dia eu partir,
p`ra sempre deste meu mundo.....
Vou ter que deixar, vou ter de sair
e esquecer este sonho profundo!

Este mundo, esta vida que eu tanto amo,
e que eu jamais irei esquecer.....
Porque na morte nao há engano,
e a vida foi feita para se viver!!

11 / 2 / 2002

"Nostalgia...."

Foi mais um choque com o mundo,
com a minha triste realidade.....
E porque hoje sinto a saudade,
bem cá dentro, bem lá no fundo!

Sinto saudades do que perdi:
dos meus 20 anos, de quem me criou!.....
Da alegria de viver e de mim,
e da vida bela que me marcou!

E assusta-me demais esta vida,
este ritmo de viver tão desemfreado!....
Pois sinto-me como uma folha perdida,
ao sabor do vento...... Ao sabor do fado!

Será que algum dia eu conseguirei,
acompanhar este ritmo absurdo, infernal?!..,..
Ou, serei eternamente mais um marginal,
procurando um abrigo, procurando o que não achei!

Tudo à minha volta torna-se mudança,
tudo é uma constante e frenética novidade....
E por vezes sinto-me como uma criança,

vivendo sozinha, nesta imensa e fria cidade!

Será que em todos estes anos,
eu, pouco ou (quase) nada mudei?!....
Tenho vivido de ilusões, de mil enganos,
acreditando naquilo que eu mais amei!

Sinto-me como um jovem, um adolescente,
vivendo estranho na época e neste lugar!....
Como se o mundo fosse deveras diferente,
de tudo aquilo que eu pudesse imaginar!

.......E pintei os meus sonhos de vermelho:
da cor do fogo, desta eterna paixão!!.......
Mas por vezes sou como um velho:
vivendo na tristeza e na amarga recordação!

13 / 12 / 2001

"Serei eu?......"

Serei eu capaz de quebrar esta
apatia, do meu eterno silêncio!?......
Da solidão consumida em horas
vazias, de momentos de angústias
e de incertezas, que por vezes
povoam o meu cérebro?!.....
Serei eu capaz.....
De encontrar, a peça que
falta no meu "puzlle", a minha
alma gémea, aquela que fará
de mim um homem?!.....

........Ou será da minha sina,
viver eternamente sozinho,
num lugar ausente de tudo e de todos,
no tempo e no espaço.
Como se de diferentes dimensões,
se tratasse!!....
Vivo na expectativa criada pelas
circunstâncias, por este ritmo
de vida, onde tudo gira, tudo
muda constantemente. Mas que na verdade,
nada daquilo que mais anseio acontece!!.....
Apenas e só, na minha mente eu
idealizo, um sonho: uma história,
ou, fábula encantada!.....
.......Esperando quem me desconhece,
esperando pela minha eterna apaixonada!......

26 / 11 / 2001

"De novo!......."

Estou a recomeçar tudo de novo:
a iniciar uma nova vida outra vez,
tal como se eu nascesse novamente!...

E nesta tão ansiada embriaguez,
em que todo o meu (eu) , renovo,
vou libertando o espirito e a mente.

E desta vez procuro fazer bem diferente
de tudo aquilo que fiz no passado,
e que arruinou o meu miserável viver!....

The Way.....

Hoje procuro não ser mais um "coitado",
pois quero (e desejo) seguir em frente,
nesta loucura, nesta aventura, que é crescer!

Hoje, eu estou livre do meu passado,
dos eternos fantasmas que sempre me atrofiavam:
a minha solitária vida, meu triste viver!.....

Hoje, deixei de ser mais um escravo,
deixei as malditas drogas que me matavam:
acabou-se o meu eterno pesadelo de sofrer!!

Vou recomeçar de novo mais uma vez.....
Inventar de novo, novos ideais; novas soluções:
procurar encontrar novas vidas e novos caminhos......

E oxalá seja agora, seja desta vez,
que eu atine nesta vida de ilusões,
neste universo de inúmeros e estranhos destinos.

E de novo eu volto a acreditar:
sonhando sorridente, às vezes de olhos abertos,
agarrando-me energicamente à fé dos meus ideais!!....

Vou procurando HOJE mais uma vez conquistar,
novos reinos e cidades, ou mares incertos,
em épocas de bonança ou de vendavais!

Agarro-me à vida como um suposto condenado,
que escapou de morte horrivel, ou miserável!!....
Procuro viver em paz com o meu passado,
tornando a minha vida muito mais agradavel!

51

E por vezes sinto-me alegre e feliz:
tão bem comigo mesmo, com esta vida!...
......Como se tivesse o mundo nas mãos!!

Como se fosse novamente um alegre petiz,
ansiando pelo recreio, pelo brinquedo mais querido,
na companhia dos amigos ou de irmãos!

Sinto no meu corpo uma forte vibração,
plena de maravilhosa energia, como um grito!.....
......Ou como uma bela e agradável canção,
em perfeita harmonia neste universo, neste espirito!!

22 / 1 / 2002

"Nada é......"

NADA,
é tudo aquilo que não existe,
a existência de coisa nenhuma,
a ausência de algo, ou alguém!....
NADA....
E a ausência de luz, solidão que resiste,
em noites de trevas envoltas na bruma
das memórias de quem já nada tem!!
NADA....
É todo o meu eterno e penoso viver,
toda esta amarga e absurda sensação:
de tudo ou nada ter, de nada sentir,
nem tampouco eu saber, acerca do amor!....
NADA.....
É uma existência de vida vazia, apagada,

a sonhar eternamente os sonhos dos outros!....
É viver sem um rumo ou sentido algum:
tal barca no mar da má sorte encalhada,
onde o destino é de todos e de nenhum!
NADA.....
É ter de tristezas a alma cheia
e de alegrias o meu espírito vazio....
No infinito do desânimo que me incendeia,
o grito da paixão, que outrora me fugiu,
nesta fome de viver que se escasseia!!

3 / 4 / 2002

"Meu Amor!...."

Fecho os olhos à luz do sol,
meu amor....
E abafo este meu grito, esta dor
nos sonhos que não te contei!
Fecho os meus olhos por agora, meu amor.....
À dura realidade que não compreendo
e jamais eu compreenderei.
Refugio-me nas palavras
que vou escrevendo:
parte de mim, que não te revelei!

Meu Deus, como eu desejaria
que estivesses ao meu lado!!....
Que fosses uma presença real na minha vida,
no meu mundo, e nao apenas
um sonho doce, bonito, quase desesperado!

(Pudesse eu partilhar contigo num momento,
todas as alegrias e tristezas,
toda a angústia, vazio e solidão,
ao construir a minha vida sem ti....
Em todos estes anos que passei
foram tantas as lágrimas que derramei,
faminto de amor, carinho e paixão
nos teus olhos que nunca esqueci!)

Por tudo isto fecho os meus olhos,
meu amor.....
E procuro-te ainda nos meus sonhos,
onde sei que te posso encontrar,
companheira eterna das minhas fantasias,
do meu romance inacabado:
minha história de encantar!

11 / 2 / 2002

"Se!......"

Se eu pudesse mudar esta vida,
libertar de vez este coração atormentado,
este negro fantasma dentro de mim!....
Se eu soubesse, eu seguiria,
outro caminho, talvez outra estrada,
e agarrava este sonho um dia!

Se eu pudesse!!....

Seria o sol a entrar na tua vida,
a sorrir-te na beira do teu quarto!!

Se eu pudesse recuar no tempo,
apagar p`ra sempre este lamento,
e recomeçar tudo outra vez!!....
Sorrir de novo p`ró firmamento,
ser o orgulho de quem (me fez)!!
Se algum dia ouvires bater na tua porta,
talvez seja o espírito do Amor que queira entrar!.....
Mesmo que ao bater seja um estranho,
ou apenas um mendigo, não deixes de sonhar!!

27 / 4 / 2002

"Gritos!....."

Sombras que sempre se cruzam no chão,
como espelhos partidos em mil pedaços.....
Fantasmas a vaguear na eterna solidão
despidos de amor, paixão, e de abraços!

Magia que se solta de uma luz estelar,
raios de sol perdidos nas multidões....
Torres enormes erguidas sem cessar:
ninhos de almas vazias, eternas prisões!

Lágrimas de sal de um reino esquecido,
onde os homens jamais serão meninos....
Universo imoral, pelo poder e dividido
na fé do deus DINHEIRO, senhor dos destinos!

E na imensidão deste oceano de gentes,
onde muito poucos se tornam em ilhotas....
Quais serão os insanos, os loucos ou os dementes

quando se fecham todas as portas?!?

Desejo profundo de criar, de ser....
Deixar rastro neste deserto interminável!
Onde a raça humana não sabe viver,
e o Mal, a destruição se tornam inevitável.

Pudera eu ser um rio ou um lago,
onde todas as almas se purificassem....
Libertar de vez a sombra do pecado,
e os maus epiritos jamais retornassem!

GRITAR! O meu grito é absurdo e irreal,
que se solta como uma enorme bola de fogo!.....
Gerado p`la angustia de um prazer carnal,
maldição nas mentes obscuras de um povo.

Inferno de milhões de chamas e horrores,
fome de amor consumida em vidas de solidão....
E a humanidade jaz em agonia e pavor
vítimas do vício, do consumismo, da podre escravidão!!

16 / 2 / 2002

(Dia de S. Valentim.....)

Em todos os lugares que vou,
eu já vi o teu rosto a sorrir....
Mas eu realmente não sei quem sou
neste jogo que ainda mal começou
e do qual tenho medo de me iludir.

----Será que é aquela " a tal"?
.....É o pensamento que mais me ocorre!
Há muito que procuro alguém especial,
e nos teus olhos eu busco um sinal:
o renascer de um sonho que nunca morre!

Como se em toda a minha existência
eu viva à espera de um milagre!....
Por vezes é uma fixaçao, quase uma demência
este estado de angústia e de carência,
em busca de um sonho......
Em busca de uma verdade!

14 / 2 / 2002

"Acreditar de novo......."

Se eu pudesse recuar no tempo,
apagar para sempre este lamento,
e encontrar o meu grande amor!.....

Esquecia de vez o meu passado,
este meu viver tão desatinado
e entregava-me à paixão com ardor!

Procurava ser forte e diferente,
sem querer ser toda a gente,
mas apenas aquele que eu sou!......

Procurava alcançar a felicidade
sem nunca esquecer a verdade,
nem tampouco quem me amou!

Mas tudo isso faz parte do passado,
de um sonho p`ra sempre adiado,
de uma vida que eu nunca vivi.....

E agora, depois de tantos anos,
de tantas desilusões e enganos,
sobreviver foi tudo o que eu descobri!

E os anos vão passando
as angústias e as tristezas aumentando,
nesta aventura que foi crescer!....

Procurei fugir da dura realidade:
perdi a juventude, não a personalidade
e quase perdi a vontade de viver!

Deixei de acreditar na igualdade,
que no amor não existe maldade,
mas apenas a força da paixão!....

Por tudo isto que eu passei
todas as lágrimas que eu chorei,
foram o preço amargo da solidão!

E hoje, apenas desejo ter paz,
viver um dia de cada vez, se for capaz
e sentir alegria de novo no coração!

Já não corro, já não fujo da vida
nem da verdade há muito esquecida
porque viver é a mais bela canção!

25 / 1 / 2002

"Diz-me!......"

Diz-me que eu nao estou louco,
que eu não estou "pirado" da cabeça,
que eu sou um homem como outro qualquer.....

Diz-me que tudo o que tenho é pouco,
para esperar que algo especial aconteça
ao querer conquistar uma linda mulher!

Diz-me que eu não sou um idealista
nem tampouco um eterno perdedor
ao desejar ardentemente uma ilusão......

Diz-me que eu não sou perfeccionista,
que eu não sou um eterno sonhador,
que sou um romãntico à procura da paixão!

Diz-me que o mais importante é viver,
que tudo o mais que existe e encenação,
que o mundo dos sonhos é pura fantasia....

Diz-me que eu jamais deixarei de sofrer,
que eu nunca vou conseguir deixar a solidão
e viver a vida a teu lado na tua companhia!

Diz-me que eu nao sou um complicado,
que tampouco eu sou apenas um falhado,
que jamais soube acompanhar o sistema.....

Ou afinal sou como um navio encalhado,
uma peça com defeito, ou mais um inadaptado
que não soube ser a estrela de cinema!

18 / 2 / 2002

"Passagem......"

Vejo a vida que corre como louca,
nas caras que mudam a cada dia!.....
Nas casas, nos bairros, nas cidades
onde eu vivi, e delas.....Às vezes fugia!

Por vezes com um medo terrível,
uma dolorosa e mortífera agonia,
de estar sozinho nesta multidão!!

Ainda hoje me persegue por vezes,
essa eterna e inevitável sensação,
de quem se encontra terrívelmente só.....
.......Como um menino perdido, no meio
da maléfica escuridão!

Sensação de medo,de pavor até,
perante as desventuras da vida!.......
Dias em que a angústia substitui a fé,
e eu sou somente uma alma à deriva.....

Assusta-me tanto por vezes,
tudo aquilo que eu desconheço,
tudo aquilo que não posso controlar!.....
A engrenagem do tempo sem revezes,

The Way.....

a angústia de ver a vida a passar!!

2 / 4 / 2002

"Deprimido......"

Sou apenas um mero espectador
desta vida, deste infinito mar de gente.....
A espera de um momento, a muito ausente,
que se aguarda com ansia e amor.

E quem espera, por vezes desespera
nesta ja longa caminhada a deriva!....
Mas a esperança e quem me da vida,
quem me conforta nesta sina tao severa.

Procuro a razao de ser, de existir,
o que me motiva a querer continuar.....
Mas tenho medo de um dia eu descobrir,
que tudo o que fiz, foi p`ra me enganar!

E hoje e um daqueles negros dias,
em que nada para mim faz sentido,
nada consegue animar a minha existencia!.....

Sobram-me as tristezas, faltam-me as alegrias,
porque hoje eu estou outra vez depremido,
em conflito total com a minha consciencia.

Porque hoje tenho urgencia de viver,
uma vida que nao seja igual a minha.....
Que nao me lembre o que e sofrer,

nesta vida materialista, sordida e mesquinha!

? / 8 / 2002

"Às vezes!....."

Às vezes sinto falta do meu refúgio,
do meu mundo secreto e irreal!......
A fome de viver, de existir, de ser,
e que me alimenta neste mundo banal.

E então às vezes procuro na solidão,
a busca do infinito, o momento mágico,
a essência do sonho: a mais doce ilusão,
de quem é Rei e Senhor neste mundo trágico!

Porque às vezes não basta apenas viver,
tem de existir uma razão: algo mais profundo!....
O Aqui e o Agora, neste universo sem fim,
neste meu secreto, pequeno/ grande mundo!!

19 / 11 / 2002

"Neste Natal!....."

Encontro-me sozinho por opção....
Só.... Pelas circunstâncias desta vida!
Ainda mais, e especialmente nesta fase,
do ano que em breve finda!.....
O Natal será sempre p`ra mim,
uma época melancólica e triste....
De lembranças, de recordações,

daquilo que ja não existe!

De alguém que já partiu,
da inexperiência de uma juventude,
que p`ra sempre, no tempo sumiu.....
Do calor breve, mas eterno, de uma familia
de pais, irmãos e irmãs
que a vida jamais me ofereceu!!

E será sempre assim este fado,
este meu inevitável estado de graça,
sentir-me eterna e dolorosamente só no Natal!.....
........Nesta época de (verdadeiro amor) proclamado,
nas luzes de cada rua, em cada praça!
Invade-me um vazio profundo como um triste sinal,
e dentro de mim o passado regressa,
nos momentos passados com os amigos....
Com aqueles a quem mais amei, e já partiram!!

E é nestas alturas que a vida travessa
nos deixa nus: despedaçados e feridos,
p`la experiência dos anos que se repetiram!.....
Porque o Natal não é p`ra quem está só,
é p`ras crianças que são donas do mundo!!
Porque este Natal não tenho Avô nem Avó,
apenas este sentimento de tristeza e vazio profundo!!

22 / 12 / 2002

" Triste......"

E eu sei que este é, (talvez),

o período mais crítico do ano!.....
Talvez, dos mais críticos de toda uma vida.
Época que desde sempre nos relembra
a doce verdade, mas também o amargo engano
de uma quadra ausente de alegria apetecida.....

É eternamente nesta época, neste lugar,
nesta terra que eu jamais esquecerei,
deste povo que jamais soube compreender!
Todos os anos Natal (p`ra mim) é chorar:
é recordar aquilo que tive, e tudo o que dei
a esta gente, a este povo que não soube merecer!

Se outrora era triste e penoso de suportar
(nos tempos em que éramos só nós três),
junto ao calor de uma simples braseira!....
.....Aguardando em vão por uma família por abraçar,
(e que ao longo dos anos , aos poucos se desfez)
e jamais soube o significado de Amar!

Por tudo isto esta será sempre p`ra mim,
uma época de sonhos, de desejos profundos,
que eternamente jamais passarâo de gritos abafados!
Sentimentos sepultados nos túmulos das memórias,
das recordações de uma família à muito desfeita....
Será sempre uma época triste dentro de mim
p`ra sempre dividido entre dois mundos.....
De sonhos de amor e paz, p`ra sempre adiados,
perdidos nos contos de infância, e nas histórias
de uma vida solitária, triste , e à muito imperfeita!

28 / 12 / 2002

The Way.....

"Ai, Solidão!.....

Por vezes tenho dias em que a esperança,
a fé e a coragem, dão lugar à desilusão....
Nesses dias sinto-me frágil como uma criança,
chorando a dôr da tristeza e da solidão!

Eu sei que são (apenas) alguns momentos,
que por vezes me assaltam ao meu coração....
Pois esta vida também é feita de tormentos,
de alegrias, de tristezas, e de solidão!

A solidão eterna que aos poucos vai matando,
eterna companheira do meu miserável viver!.....
Não sei até que dia, ou mesmo até quando,
eu resistirei à solidão que me faz sofrer!

Já procurei fugir dela de tanta maneira,
em tantas caras e, em tantos outros lugares!
Mas não consigo encontrar a eterna companheira,
num mundo cheio de pressas e sem vagares!

Pudesse eu , encontrar de novo alguém
que me abraçasse bem forte nessas horas!.....
Pois nesta vida às vezes não somos ninguém,
quando nos sentimos mais pequenos que amoras!

Se, eu fosse um homem rico: cheio de dinheiro,
tudo seria mais facil de conseguir ou realizar!!.....
Então, teria toda a minha vida (e a tempo inteiro)
para de novo , o amor; eu conseguir encontrar!

Mas a minha realidade é bem diferente,
pois sou apenas um mero "Zé Ninguém"....
Igual a tantos outros como toda a gente,
vivendo na eterna esperança de encontrar alguém!

16 / 2 / 2003

"IDEAL (irreal)......."

Ando a deriva no turbilhão do tempo,
vagueando só, como um eterno vagabundo....
Procurando viver a vida num momento,
em busca de algo eterno e profundo.

Vivo alimentando a derradeira esperança,
de que um dia encontrarei a eterna magia.
Tal como o sorriso de uma inocente criança;
A minha vida é encontrar paz um dia!

Porque vivo eternamente à procura em cada segundo,
de algo que dê um sentido real à minha vida......
É da minha sina remar contra o mundo,
ainda que (por vezes) a solidão me persiga!

De resto, que sabor tem a vida afinal,
se não a soubermos (viver) e aproveitar?.......
Será somente apenas o erróneo prazer carnal,
ou algo mais, que bem poucos ousam alcançar?!?

Mesmo que nada demais me aconteça,
que seja um simples e solitário vagabundo.....
Que a minha passagem jamais se esqueça,

que seja falada nas bocas do mundo!

Não invejo dos outros as coisas materiais,
mas sim o esforço, a coragem e a determinação!....
Em conseguir lutar e alcançar os seus ideais,
em seguir obstinadamente a voz do seu coração!

9 / 3 / 2003

"Tempo de amar!....."

Vivemos em múltiplos mundos diferentes,
dispersos nas páginas infinitas do tempo,
que corre velozmente em direcção desconhecida....
Somos seres errantes e (talvez) inteligentes,
procurando por um lugar, um eterno momento,
como um pretexto para a nossa curta vida!

Multidão infinita de almas sozinhas à deriva,
na imensidão das ondas da vida que passa,
vertiginosamente num ritmo quase assustador!....
derrubando-nos vazios, secos e sem amor....

Em que os anos sucumbem numa dança maldita,
é o preço inadiável da velhice que nos extravassa,

E nesta microscópica parcela de tempo perdida,
no infinito dos milénios dum tempo eterno,
que a humanidade jamais saberá controlar!....
Encontrar a nossa alma gémea é uma batalha perdida,

quando viver por vezes se torna um inferno,
e não temos a humildade e amor para amar!

E porque temos pressa de viver tudo num dia,
tão embrenhados estamos em ignorar o essencial,
que é viver um único dia de cada vez!!....
Escondemo-nos na nossa falsa fé e alegria,
do prazer terreno: do (maldito) prazer material,
que enche a nossa vida de solidão e a torna vazia!

10 / 3 / 2003

Já mal me lembro quando comecei......
Talvez tivesse sido em Dezembro,
a primeira vez que me droguei!
Num ano esquecido pelo tempo,
numa época de ilusão e crescimento,
em que o sonho era Rei!
Grito inocente de afirmação ,
de tudo querer , de tudo ser,
de tudo desejar descobrir!
Ser rebelde era a canção,
que todos os jovens(como eu) queriam ouvir.
Sentia o mundo nas mãos,
a irreverência de ser adolescente!
Achando todos os homens como irmãos,
sentindo e tentando ser diferente!
Bem depressa me apercebi,
que a realidade era deprimente,
e o meu mundo tornava-se decadente,
dos sonhos que outrora sonhei.....
Durante anos andei à deriva,

vivendo na angústia e na expectativa,
colhendo os frutos que eu semeei.....
Refugiando-me no álcool e nas drogas,
vivendo de noitadas, vivendo de borgas
em busca de um espírito perdido,
em busca de um sonho adormecido!....
E os anos foram-se passando,
cheios de angústias e dolorosa agonia.
E eu aos poucos fui-me afundando,
num mar de tristeza e solidão,
esquecendo o que era a alegria!....
Então veio o pesadelo da heroína,
o inferno que tantas vezes me torturou!!
Anos de raiva e desespero da vida malina,
que o vazio e o sofrimento atroz me deixou.
Passei pelo suplício dilacerante,
da inevitável e horrível ressaca,
em mais um "escarro" humano!....
Sofrendo a miséria p`lo mal do mundo;

consumindo cada minuto, cada instante,
de uma vida que quase sempre nos mata!
Tornei-me um infeliz moribundo,

vivendo no limite da loucura e do insano!
Perdi o gosto por viver,
já nada mais fazia sentido......
Deixei de amar, deixei de crer,
há muito que o sonho e a esperança tinham sumido.
Mil vezes desejando a morte:
que acabasse de vez a negra sorte,

de quem tudo perdeu, e pouco mais teria a perder!
Estava já cansado de sofrer, cansado de viver,
qual "zombie" para sempre amaldiçoado!
Vivia escravo do vício,
prisioneiro da droga maldita,
eterna companheira do meu triste fado....
Quando já tudo parecia perdido,
depois de tanto ter sofrido,
chegando ao limite da degradação
fisica e moral de quem eu era....
Houve alguém que me deu a mão,
e p`ra mim foi muito sincera,
ao prometer-me a paz e a salvação!
Quando no auge da minha aflição
supliquei a Deus para fugir
daquela sina triste e severa!
Então essa bendita senhora Dona Gena
que jamais me abandonou à minha sorte,
deu-me forças para vencer a morte,
mostrou-me o caminho da esperança
que um dia eu havia de seguir!....
De novo tornei-me a sentir criança,
diante de tanto carinho sem cobrança
e de novo eu aprendi a sorrir,
naquela casa que jamais esquecerei!

(C V P- Fatima) ano 2000

www.ingramcontent.com/pod-product-compliance
Lightning Source LLC
La Vergne TN
LVHW041749190726
843493LV00008B/2525